PINGUIN

FRANS LANTING

HERAUSGEGEBEN VON CHRISTINE ECKSTROM

TASCHEN
KÖLN LONDON MADRID NEW YORK PARIS TOKYO

FÜR CHRIS

Produziert von Terra Editions in Zusammenarbeit mit dem Benedikt Taschen Verlag

Web: www.lanting.com

Herausgegeben im Benedikt Taschen Verlag
Hohenzollernring 53, D–50672 Köln

Herausgeberin: Christine Eckstrom, Santa Cruz, Kalifornien

Design: Jennifer Barry Design, Sausalito, Kalifornien
Umschlaggestaltung: Jennifer Barry, Sausalito, Kalifornien
Redaktion: Juliane Steinbrecher, Köln
Deutsche Übersetzung: Gabriele-Sabine Gugetzer, Hamburg
Fachlektorat: Haro Strehlow, Berlin

Umschlag: Kaiserpinguine, Antarktis
Seite 1: Eisberg, Südgeorgien
Seite 2–3: Eselspinguine, Südgeorgien
Seite 4–5: Eselspinguine, Falklandinseln
Seite 6–7: Königspinguine, Südgeorgien
Seite 8–9: Königspinguin-Kolonie, Südgeorgien
Seite 10–11: Kaiserpinguine, Antarktis
Seite 12–13: Kaiserpinguin, Antarktis

Printed in Spain
ISBN 3–8228–6572–9
D

EINLEITUNG

Den ersten Pinguin meines Lebens sah ich in den Tropen. Er schien dort gar nicht recht am Platz, doch gehörte er sehr wohl auf die schwarzen vulkanischen Felsen der Galapagosinseln, wo die kalte Meeresströmung auf sonnenverbranntes Land trifft. Die Pinguine leben hier wegen des Humboldtstroms, der, von der Antarktis zum Äquator fließend, reiche Vorkommen an Meeresflora und -fauna mit sich führt. Doch selbst unter solchen Voraussetzungen ist ein Leben in den Tropen für den Pinguin eher die Ausnahme. Kein Wunder also, daß der Galapagos-Pinguin, den ich da im flachen Wasser herumplanschen sah, als seltenste der 17 wissenschaftlich anerkannten Pinguinarten gilt.

Pinguine gibt es in allen Größen: vom winzigen Zwergpinguin bis zum Kaiserpinguin, der 1,20 Meter groß wird. Sie sind in vier Hauptgruppen unterteilt. Der Galapagos-Pinguin gehört zu der Gruppe der Brillenpinguine, die vorwiegend an den Küsten Südamerikas und im südlichen Afrika leben; ihr Schrei gleicht dem des Esels. Man kennt sechs Arten des Schopfpinguins, äußerst lebendige Vögel mit roten Augen und gelbem Kopfschmuck in Form von Haarsträhnen und Fransen. Den weitverbreiteten Felsenpinguin findet man rund um den Pol, während sein Cousin, der Goldschopfpinguin, nur auf einigen Inseln der Subantarktis anzutreffen ist. Andere Verwandte leben südlich von Australien und Neuseeland. Zur Gruppe der mit dem lateinischen Namen *Pygoscelis* benannten Pinguine gehören die zahlenmäßig häufigsten Arten, die Kehlstreifenpinguine, die Adeliepinguine und die Eselspinguine. Letztere prägen das volkstümliche Bild des Pinguins als eines kleinen, schwarzweißen Vogels auf einem Eisberg. Zu den Großpinguinen gehören die zwei größten und beeindruckendsten Pinguinarten – der Königspinguin und der Kaiserpinguin. Die Lebensbedingungen des Kaiserpinguins sind in der Tat extrem: er ist perfekt an den antarktischen Kontinent angepaßt.

Pinguine haben Federn, legen Eier und tun auch sonst alles das, was üblicherweise Vögel tun. Doch fliegen können sie nicht. Diese Fähigkeit ging ihnen verloren, als sich ihr Vorfahr, ein Meeresvogel, darauf spezialisierte, durchs Wasser zu „fliegen" und sich dabei modifizierter Flügel bediente, die wie Flossen von Meeressäugern geformt waren. Die meisten Pinguine leben in den eisigen Gewässern der Antarktis. Ihre fantastische Tauchfähigkeit ermöglicht es ihnen, sich den Ozean in einer Weise zu erschließen, wie es keinem anderen Vogel gelingt. Und zwar mit so großem Erfolg, daß sie sich auf den wenigen Inseln, die aus dem Südlichen Polarmeer ragen, in atemberaubender Zahl vermehren. Zu diesen Inseln zählen das einsam gelegene, im ewigen Eis gefangene Bouvet oder das steil aufragende Südgeorgien (mit dem wohl widerwärtigsten Wetter in der ganzen Welt). Wie isoliert diese Inseln aber letztlich sind, wird einem erst dann wirklich klar, wenn man sie besuchen will. Bis jetzt hat sich noch jede Fahrt, die ich zu den Pinguinen unternahm, zu einer Expedition entwickelt. Meine Forschungen dauerten drei Sommer lang und führten mich auf einige der außergewöhnlichsten Reisen, die ich je unternommen habe.

Meine Odyssee begann auf den Falklandinseln, wo Menschen und Pinguine in unerwarteter Koexistenz zusammenleben. Auf einigen Inseln teilen sich brütende Pinguine

Oben: Galapagos-Pinguin, Galapagosinseln

küstennahe Weiden mit grasenden Schafen; auf anderen watscheln Pinguine durch Minenfelder, die vom Krieg zwischen Großbritannien und Argentinien übriggeblieben sind. Mit einem Helikopter landete ich auf einer entlegenen Insel und beschäftigte mich dort den Großteil des Sommers so intensiv wie möglich mit dem Leben von Felsen- und Eselspinguinen. Im folgenden Jahr luden mich die Antarktisforscher Jérôme und Sally Poncet zu einer außergewöhnlichen Umsegelung Südgeorgiens ein, einer der größten „Pinguin-Inseln" der Welt. An Bord ihrer Yacht „Damien II" verbrachten wir zwei einsame Monate mit der Erforschung der Küste und sahen erst nach Ende dieser Reise wieder ein anderes Boot. Zwischenzeitlich ging ich immer wieder an Land, um inmitten riesiger Kolonien von Königspinguinen mein Lager aufzuschlagen. Auf einer späteren Reise mit einem Eisbrecher besuchte ich dann noch weiter südlich gelegene Inseln, darunter die Süd-Orkney- und die Süd-Sandwich-Inseln, wo sich während des kurzen antarktischen Sommers riesige Kolonien von Kehlstreifen- und Adeliepinguinen formieren. Die Kaiserpinguine stellten allerdings die größte logistische Herausforderung dar. Eine Hercules flog mich von Patagonien ins Innere der Antarktis, wo ich auf ein kleineres Flugzeug (mit Gleitschienen und einem riesigen zusätzlichen Benzintank, der den Großteil der Kabine einnahm) umstieg. Umgeben von unzähligen Ausrüstungsgegenständen, überquerte ich den Kontinent und landete schließlich bei einer Kaiserpinguin-Kolonie auf dem zugefrorenen Weddellmeer, wo ich für einen Monat mitten zwischen den Vögeln mein Lager aufschlug.

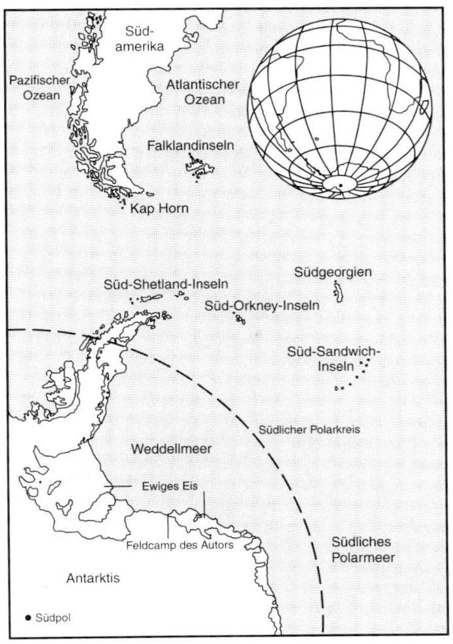

Als Naturforscher schätze ich die Pinguine nicht zuletzt wegen ihrer Lebensumstände. Jeder von ihnen ist einzigartig und hat sich mit äußerster Präzision dem Rhythmus der polaren Welt angepaßt. Bei den kleineren Vögeln etwa bemerkt man eine Art ewiger Bewegung, die auch in meinen fotografischen Arbeiten ein immer wiederkehrendes Thema wurde. Zudem war die Möglichkeit, individuelle Identität und Kollektivgeist einander gegenüberzustellen, eine besondere Herausforderung. Im übrigen gebe ich gerne zu, daß ein weiterer Grund meiner Faszination für Pinguine derselbe ist, der diese Vögel auch für die meisten anderen Menschen so unwiderstehlich macht. Wenn ich Pinguine in Aktion beobachte, dann *muß* ich einfach menschliche Züge an ihnen entdecken und schrecke auch nicht davor zurück, meine Bilder dieser wilden Tiere mit menschlichen Regungen und Gefühlen zu besetzen. Ich glaube, das macht es leichter, die Brücke zwischen ihrer Welt und der unsrigen zu schlagen.

Das vorliegende Buch ist eine persönliche Interpretation der Pinguine, die ich kennengelernt habe. Es ist keine Naturgeschichte *aller* Pinguine. Mir geht es darum, einzelne Persönlichkeiten hervorzuheben, sei es nun die Ausgelassenheit der Felsenpinguine oder die Lässigkeit der Eselspinguine, die stilisiert wirkende Erscheinung der Königspinguine oder die stoischen Versammlungen der Kaiserpinguine. Ich will einen Eindruck davon vermitteln, wer diese Pinguine sind und was sie zu erdulden haben. Und ich hoffe, daß meine Arbeit – als Hommage an jeden einzelnen von ihnen gedacht – allen gemeinsam gerecht wird.

AUF DEM LAND

AUF DEM LAND

Auf die Windseite von New Island, einem Fitzelchen Land am Westrand des Falkland-Archipels, stürzen riesige Wellen zu. Darauf schwimmen wahre Herden von Felsenpinguinen, die versuchen, an Land zu kommen. Mehr als hundert Meter unter meinem günstigen Aussichtspunkt auf einem Kliff, wo ich mich gegen den tosenden Wind niederkauern muß, brechen sich die Wellen über einem Riff, das schon lange ein begehrter Landeplatz der Felsenpinguine ist. Wenn sie spüren, die richtige Welle gefunden zu haben, reiten sie auf ihr wie die erfahrensten Surfer, ehe sie schließlich in einem Strudel aus Schaum und Wogen verschwinden. Daß sie diese Tortur überleben, scheint ein Wunder, aber sie entkommen ihr ohne Probleme. Lässig und entspannt stehen sie naß, mit angeklatschten Federn noch eine Zeitlang beieinander, ehe sich alle landeinwärts in ihre von Tussock-Gras geschützten Kolonien begeben.

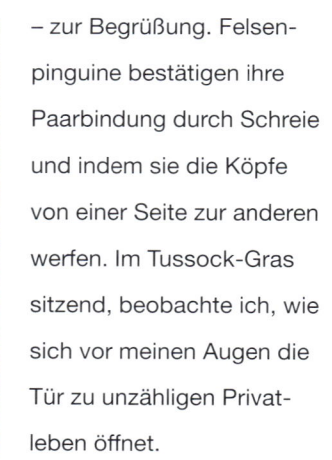

Ihr Ziel zu finden ist nicht schwierig. Generationen von Felsenpinguinen sind bereits der gleichen steil bergauf führenden Route gefolgt. Ihre Krallen haben Rillen im Gestein hinterlassen, das ansonsten glattgetreten ist wie die Steine auf den Straßen des römischen Altertums. Mancherlei deutet darauf hin, daß einige dieser Pfade schon seit Tausenden von Jahren benutzt werden. Einer dieser Pinguingruppen schließe ich mich auf ihrem Weg an. Die Geschicklichkeit, mit der sie über die Felsen hüpfen, hat ihnen ihren englischen Namen (*rock-hopper*) eingebracht. Manchmal nehmen sie zum Klettern auch ihren Schnabel zu Hilfe und immerfort streiten sie sich, denn es sind kräftige Tiere, die nicht klein beigeben. In ihren Kolonien begegnet man einer wahren Kakophonie der Streitigkeiten und der Lärm ihrer heiseren Stimmen, der sich als Echo an den Felsen bricht, wo sie sich zu Tausenden versammelt haben, ist schon lange zu hören, ehe von ihnen selbst etwas zu sehen ist. Am Rand der Kolonie verstreut sich die Gruppe der Neuankömmlinge, jeder einzelne bahnt sich nun seinen Weg zu dem ungefähr viertel Quadratmeter Boden, den er sein eigen nennen darf. Dort trifft er auf einen Partner, der geradezu furchterregende Heultöne ausstößt – zur Begrüßung. Felsenpinguine bestätigen ihre Paarbindung durch Schreie und indem sie die Köpfe von einer Seite zur anderen werfen. Im Tussock-Gras sitzend, beobachte ich, wie sich vor meinen Augen die Tür zu unzähligen Privatleben öffnet.

Von der Windseite von New Island geht es durch wogendes Gras und über lockere Geröllhalden weiter über den Kamm der Insel zur geschützten Leeseite, wo ein anderer Pinguin in der Dunkelheit brütet. Es handelt sich um einen klobigen, großschnabeligen Burschen, dessen Ruf dem eines leidenden Esels ähnelt. Dieser Cousin des zarteren Galapagos-Pinguins ist der Magellan-Pinguin. Er wurde erstmals 1520 anläßlich Magellans Umschiffung von Kap Horn beschrieben und gilt als heimlichtuerischer Charakter, der in unterirdischen Gängen nistet – eine ihm durchaus zum Vorteil gereichende Strategie angesichts der vielen Räuber, die er auf dem südamerikanischen Kontinent zu fürchten hat.

Seite 18: Felsenpinguin, Falklandinseln
Oben: Landschaft, Falklandinseln
Rechts und folgende Seiten: Felsenpinguine, Falklandinseln

Unterhalb der Höhlen des Magellans erstrecken sich entlang des eisklaren Wassers schwungvolle, in den Untiefen jadegrün gefärbte Buchten mit schneeweißen Stränden. Durch diese Untiefen hindurch stürzen sich Eselspinguine, in ihrer Form dabei an Torpedos erinnerend, in Richtung Strand. Eine Art Spießrutenlauf, denn überall entlang der Leeseite lauern Mähnenrobben, denen jeden Tag einige Eselspinguine zum Opfer fallen. Die Pinguine wissen, daß die Mähnenrobben direkt hinter der Linie lauern, an der sich die Wellen brechen. Jeden Morgen versammeln sich Tausende von ihnen am Strand und suchen das Meer nach ihren Feinden ab. Wollen sie ins offene Meer gelangen und ihre vor der Küste gelegenen Fischgründe erreichen, müssen sie ihre Feinde passieren. Immer dichter drängen sie sich am Wasser zusammen, zögernd, denn keiner will der erste sein. Doch irgendwann wagt schließlich einer den ersten Sprung und alle anderen stürzen in einer wahren Lawine hinterher. Am Nachmittag, wenn die Herden zurückkehren, drehen sie sich vor der Küste im Kreise, denn sie fürchten diesen letzten verzweifelten Sprint durch einige hundert Meter Wasser. Dann tauchen sie wie Delphine, schießen endlich aus dem Wasser, landen auf den Füßen am Strand und rennen los, sobald sie Boden unter sich spüren.

Am Ende eines jeden Sommertages marschieren die Eselspinguine in langen Reihen zurück in ihre Kolonien, voll mit Krill für die wartenden, pummelig aussehenden Jungen. Gespannt horchen diese auf den speziellen Schrei ihrer Eltern, den sie von allen anderen Schreien unterscheiden können. Sobald sie den Ruf vernehmen, schießen sie los, wobei andere Küken, die ebenso hungrig auf eine Mahlzeit warten, oft versuchen, sich dazwischen zu drängen. Um die Schnorrer vom echten Nachwuchs zu trennen, starten die erwachsenen Eselspinguine zu einem wilden Lauf – verfolgt von hungrigen Mäulern. Die Jungen jagen den vollgefressenen Eltern mit rasanter Geschwindigkeit hinterher, doch die schlagen Haken und weichen immer wieder aus, um mögliche „Schwindler" abzuschütteln, bis endlich nur der eigene Nachwuchs durchgehalten hat. Am Rand der Kolonie warten unterdessen Vögel mit Hakenschnäbeln auf ihre Chance. Es sind Karakaras, bussardähnliche Greifvögel, die nach Nahrung suchen. Für sie ist der Sommer eine wahre Goldgrube an Eiern und Küken, die allerdings schon bald erschöpft ist. An einem der – seltenen – Tage, wo der Wind nicht mit Orkanstärke weht, ist man fast versucht zu glauben, dies hier sei ein beschaulicher Ort. Wildblumen und der Gesang von Lerchenstärlingen in der Luft bestärken diesen Eindruck. Doch bald schon werden wieder Stürme von Kap Horn her über die Insel hereinbrechen. Wenn das Wetter dann mit dem Beginn des Herbstes wahrhaft grausam wird, sind die meisten Pinguine bereits ins offene Meer fortgezogen. Es sind ja schließlich Meeresvögel. An Land ist kaum noch etwas übrig, was an sie erinnert, ein paar neue Kratzspuren im Gestein vielleicht, ein paar Knochen und Eierschalen und einige verstreute, hungrige Karakaras.

Oben, rechts und Seite 27: Felsenpinguine, Falklandinseln
Seite 28–31: Goldschopfpinguine, Südgeorgien

Vorhergehende Seiten: Felsenpinguine, Falklandinseln
Links: Goldschopfpinguine, Südgeorgien
Oben: Magellan-Pinguin, Falklandinseln

Links oben: Magellan-Pinguine, Falklandinseln
Links unten und ganz oben: Felsenpinguin, Falklandinseln
Oben: Eselspinguin, Falklandinseln
Folgende Seiten: Falkland-Karakaras, Falklandinseln

Seite 41–43: Eselspinguine, Falklandinseln
Oben: Mähnenrobbe, Falklandinseln
Rechts: Eselspinguine, Falklandinseln
Folgende Seiten: Mähnenrobbe und
Eselspinguine, Falklandinseln

Vorhergehende Seiten: Eselspinguine, Falklandinseln
Links: Eselspinguin, Falklandinseln
Folgende Seite: Eselspinguine, Falklandinseln

Oben: Eselspinguin mit zwei Jungen, Falklandinseln
Rechts: Eselspinguin mit einem Jungen, Falklandinseln
Seite 57: Eselspinguin mit zwei Jungen, Südgeorgien
Seite 58–61: Eselspinguine, Falklandinseln

IM MEER

IM MEER

Unvermittelt kocht das Meer von Vögeln. Überall sind Pinguine. Wie U-Boote tauchen Königspinguine aus dem Wasser, während Kehlstreifenpinguine in delphinartigen Schwüngen das stahlgraue Wasser durchziehen. Ich segle gerade entlang der Küste Südgeorgiens mit Kurs auf die windumtoste Südspitze der Insel. Hier trafen sich die Bartenwale vor ihrer Vernichtung durch Walfänger, um sich – gemeinsam mit Millionen von Pinguinen – an den großen Krillvorkommen zu laben. Die Wale sind inzwischen verschwunden, die Pinguine hingegen gibt es noch immer. Ihr Lebensrhythmus ist eng verwoben mit dem Nahrungsvorkommen des Südlichen Polarmeers, das jedes Jahr zwischen Zeiten des Überflusses und des Mangels schwankt. Mit Einbruch des Winters bricht die Nahrungskette zusammen, doch im „endlosen" Tageslicht des Sommers birgt das Wasser unendliche Mengen an Nahrung – Krill, Kalmar und Fisch – für die unzähligen Pinguine.

Hier erhebt sich eine Insel aus dem Wasser, die auch als „Alpenlandschaft mitten im Ozean" beschrieben wird. Entlang dem Gebirgsgrat von Südgeorgien, dessen Berge bis zu 3000 Meter hoch sind, wechseln namenlose Bergspitzen einander mit unerforschten Gletschern ab. Entlang den eisigen Buchten und Stränden versammeln sich Königspinguine in Kolonien, die Zehntausende zählen. Aus der Ferne betrachtet, erscheinen sie wie riesige Feldlager! Als die ersten Walfischfänger zwischen diesen großen Vögeln umherspazierten, hielten sie Ausgewachsene und Junge für unterschiedliche Tierarten. Die großen, in flauschig-braune Mäntel gehüllten Tiere nannten sie „Wollpinguine". Diese konnten doch wohl kaum mit den schlanken, schwarzweißen, leuchtendorange gezeichneten Pinguinen verwandt sein, die als Wache über den gerade geschlüpften, fast nackten Küken standen!

Daß die Walfischfänger verwirrt waren, überrascht nicht. Den Reproduktionszyklus der Königspinguine beherrscht ein geradezu unglaublicher Rhythmus: In einer Königspinguin-Kolonie finden sich nämlich alle Phasen der Fortpflanzung und Aufzucht gleichzeitig nebeneinander. Einige Tiere balzen noch, während andere bereits ihre Eier ausbrüten. Manche füttern ihre Neugeborenen, andere haben bereits Nachwuchs, der schon größer aussieht als die Eltern. Diese Küken sind bereits über ein Jahr alt. Unter den Vögeln sind Königspinguine dem zeitlich längsten Fortpflanzungszyklus unterworfen: Es kann bis zu 16 Monaten dauern, ehe ein einziges Küken aufgezogen ist. In dieser Hinsicht ist der subantarktische Sommer natürlich viel zu kurz, weshalb sich die Aufzucht eines Jungen über zwei Sommer hin erstreckt. Leider liegt zwischen den beiden Sommern ein Winter, in dem die Kleinen zu Tausenden hungrig herumstehen, während sich die Eltern der Nahrungssuche wegen weit von der Küste entfernt haben. In dieser Zeit dauert es mitunter Wochen, bis ein Elternteil im Meer eine Mahlzeit für seinen Nachwuchs ergattert hat. Über Monate hinweg werden die Kleinen vielleicht alle drei Wochen einmal gefüttert. Viele überleben diese Zeit nicht. Und wer durchkommt, schaut zum Erbarmen aus. Im Frühling hat sich das Nahrungsangebot des Ozeans endlich wieder belebt, das Fischen wird einfach und die Küken erhalten

Seite 62: Königspinguine, Südgeorgien
Oben: Nordküste, Südgeorgien

ausreichend Nahrung, um Mitte des Sommers flügge zu werden.

Während die letzten Küken aus dem früheren Brutzyklus zu Sommerbeginn noch am Strand verweilen, bilden sich schon wieder die ersten Paare. An den Stränden der St. Andrews Bay landen schnittige erwachsene Königspinguine, um sich hier nach geeigneten Partnern umzuschauen. Jeder von ihnen trägt auf beiden Seiten seines Halses leuchtendorange Flecken, die von höchster Bedeutung sind. Als ein Wissenschaftler diese Farbkennungen einmal schwarz übermalt hatte, konnte der Pinguin keinerlei Aufmerksamkeit eines potentiellen Partners auf sich ziehen; das änderte sich schlagartig, als ein Regenguß die Farbe wieder abspülte. Die Königspinguine präsentieren ihre orangefarbenen Flecken im Verlauf eines Rituals, das an eine mit Soundeffekten unterlegte Pantomime erinnert. Die zukünftigen Partner blicken einander ins Gesicht. Dann strecken sie sich und sacken wieder zusammen – in feierlichem Synchronspiel. Sie trompeten, deuten gen Himmel und laufen in albernen Gangarten hintereinander her. Manchmal sammelt sich eine Gruppe bewundernder Weibchen um Männchen, deren Vorführung ganz besonders beeindruckt. In so einem Fall sind Flügelkämpfe unter den Weibchen unvermeidlich. Schließlich haben sich die Paare gefunden, ihre Schnäbel rasseln aneinander, sie watscheln wie Enten und nehmen nichts und niemanden mehr wahr.

Die ersten Menschen, die das Balzritual der Königspinguine auf Südgeorgien verfolgen konnten, waren Captain Cook und seine Besatzung, als sie 1775 die zerklüftete Küste erforschten. Cook war überzeugt, den Kontinent Antarktika gefunden zu haben. Als er aber die Südspitze umschifft hatte und sah, daß sich die andere Seite der Insel in Richtung Norden erstreckte, war er zutiefst enttäuscht. Die wilde Südküste hat sich seit damals nicht verändert. Es gibt nur wenige geschützte Buchten, selbst für Pinguine ist das Leben hier sehr hart. Die Berge sind bis zu den Stränden hinunter mit Schnee bedeckt; riesige Eisberge treiben aus dem Süden heran, wo sie von den Eismassen und Gletschern gekalbt sind. Wenn man die einsamen Weiten des Südlichen Polarmeers mit dem Boot durchquert, tauchen Eisberge wie Erscheinungen auf. Jeder von ihnen hat seine eigene Geschichte, die sich anhand von Form und Farbe entschlüsseln läßt. Einige dieser großen Paläste aus Eis werden von Kehlstreifenpinguinen eskortiert, durchtrainierten Vögeln mit einem winzigen schwarzen Halsstreifen, der ihnen ein ständiges Grinsen aufs Gesicht zeichnet. Millionen dieser Pinguine brüten weiter südlich am Rand der Antarktis. Wenn das Eis entlang des Kontinents im Sommer schmilzt und das Nahrungsangebot im Meer explosionsartig zunimmt, ist ihre Zeit gekommen. Ausgeklügelte Balz ist ihre Sache nicht, sie verschwenden auch keine Zeit auf eine aufwendige Brutpflege: in nicht viel mehr als zwei Monaten ist ihr Fortpflanzungszyklus wieder abgeschlossen. Die Zone des umhertreibenden Sommereises bildet ihren bevorzugten Lebensraum. Oft nutzen sie die Eisberge und Eisschollen für eine Reise aus der Antarktis gen Norden – Reisende aus einer Welt des ewigen Eises.

Oben und folgende Seiten: Königspinguin-Kolonie, Südgeorgien
Seite 68–71: Königspinguine, Südgeorgien

Links, oben und folgende Seiten: Königspinguine, Südgeorgien
Seite 77: Königspinguine, Südgeorgien
Seite 78–79: Königspinguin-Kolonie, Südgeorgien
Seite 80–81: Königspinguin-Kolonie, Falklandinseln

Links und oben: Königspinguinküken, Südgeorgien
Seite 84–85: Königspinguin-Kolonie, Südgeorgien
Seite 87: Königspinguinküken, Südgeorgien
Seite 88–89: Federn von Königspinguinen, Südgeorgien

Links oben: Königspinguine, Südgeorgien
Links unten: Adeliepinguinküken, Antarktis
Ganz oben: Goldschopfpinguine, Südgeorgien
Oben: Kehlstreifenpinguin, Südgeorgien

Rechts: Goldschopfpinguin-Kolonie, Südgeorgien
Folgende Seiten: Adeliepinguine, Süd-Sandwich-Inseln

Vorhergehende Seiten: Kehlstreifenpinguine, Antarktis
Links: Kehlstreifenpinguin, Süd-Orkney-Inseln

Links: Kehlstreifenpinguin, Südgeorgien
Oben: Eisberge, Südliches Polarmeer
Folgende Seiten: Kehlstreifenpinguine, Südliches Polarmeer

AUF DEM EIS

AUF DEM EIS

Bei minus 40 °C zu atmen ist schmerzhaft, besonders, wenn man dabei in Windrichtung blickt. Selbst ein Kaiserpinguin muß sich dann so klein wie möglich machen und dicht an die anderen drängen. Wenn man, wie ich, in einem Zelt liegt, muß man den Pfosten festhalten, denn der draußen wütende Schneesturm hat das Zeltdach bis kurz über meiner Nase heruntergedrückt. Ob das Zelt das mitmachen wird, weiß ich noch nicht genau. Daß mich nur eine dünne Nylonmembran vor einer Umwelt schützt, in der ich nicht überleben würde, ist mir aufs Unangenehmste bewußt. Dort draußen aber sind Küken, kleine Kaiserpinguine, deren Leben ich dokumentieren will. Dabei muß ich an Edward Wilson denken, den Biologen auf Scotts Südpolexpedition von 1910. Auf der ersten Expedition zu den Kaiserpinguinen am Rande der Antarktis verlor er sein Zelt in einem schrecklichen Sturm. Er machte sich mit zwei Begleitern auf einen heldenhaften Marsch, nur um zu beweisen, daß die Kaiserpinguine ihre Jungen tatsächlich mitten im Winter großziehen. Es sollte weitere 40 Jahre dauern, bis die Forschung überhaupt in der Lage war, Wilsons Entdeckungen weiterzuführen und erste Feldstudien über diese beeindruckenden Vögel vorzunehmen.

In vielerlei Hinsicht tragen die Kaiserpinguine ihren stolzen Namen zu Recht. Sie wurden als letzte entdeckt und sind die größten unter den Pinguinen. Mit bis zu 40 Kilogramm Gewicht wiegen sie doppelt soviel wie Königspinguine. Diese Körpermasse brauchen sie allerdings auch, um sich gegen extreme Wetterbedingungen zu schützen. Viele Kaiserpinguine betreten in ihrem ganzen Leben niemals Festland. Sie brüten nahezu immer auf Meereseis und verbringen ihr übriges Leben im eisigen Wasser. Sie tauchen bis zu 500 Meter tief – tiefer als jeder andere Vogel – um dort, in einer frostigen Zone des Zwielichts, Fische und Kalmare zu fangen. Seit Wilsons Tagen sind diese Fakten bekannt, dennoch haftet den Kaiserpinguinen bis heute das Siegel des Geheimnisvollen an. Nur ungefähr 40 Brutkolonien sind bekannt, und zu Recht gelten Kaiserpinguine als die am schwierigsten zu entdeckenden Vögel.

In der Nähe meines Lagers am Rand der Antarktis, wo der Dawson-Lambton-Gletscher auf das Weddellmeer trifft, bildet sich jedes Jahr etwa zur Zeit des südlichen Winters eine Kaiserpinguin-Kolonie. Die Vögel kommen aus dem offenen Meer und wandern Dutzende von Kilometer über Meereseis. Wenn die Tage langsam ins Dämmerlicht übergehen, balzen sie und paaren sich. Haben die Weibchen ein Ei gelegt, übergeben sie es ihrem Partner und kehren zum Meer zurück. Mitten im tiefsten Winter stehen die Männchen eng zusammen, die Eier auf ihren Füßen, brütend und fastend. Sie suchen Schutz in riesigen Gruppen, wo sie sich dicht aneinanderschmiegen, so daß zehn Tiere auf weniger als einem Quadratmeter Platz finden. Dadurch verringert sich der Wärmeverlust des einzelnen Tieres um die Hälfte, trotzdem sind die Vögel beinahe verhungert, wenn die Küken mitten im Winter nach zweimonatiger Brutzeit endlich schlüpfen. Wie durch ein Wunder kehren genau zu diesem Zeitpunkt ihre Partnerinnen zurück, um ihrerseits einen Teil der elterlichen Pflichten zu übernehmen.

Seite 104 und oben: Kaiserpinguin mit Küken, Antarktis
Rechts: Meereslandschaft, Antarktis
Seite 108–113: Kaiserpinguine, Antarktis

Die Männchen, beinahe um die Hälfte ihres Körpergewichts leichter geworden, ziehen nun zu ihrer ersten Mahlzeit nach drei Monaten in Richtung Meer. Von diesem Zeitpunkt an wechseln sich die Eltern beim Beschaffen des Futters für ihre Jungen ab. Ihr Fortpflanzungszyklus ist so geregelt, daß die Jungen mitten im Sommer in den Ozean entlassen werden, wenn ein Überangebot an Nahrung ihnen den besten Start ins Leben garantiert. Eben deshalb sind die Eltern gezwungen, die Eier mitten im Winter zu legen, was eigentlich schier unvorstellbar scheint.

Das Leben der Kaiserpinguine ist aufs engste mit dem Auf und Ab des Meereseises verknüpft, das sich membranartig über das Weddellmeer und die Ausläufer der Antarktis erstreckt. Bewegt wird es durch Winde und Meeresströmungen. Im Weddellmeer dreht es sich langsam mit einer im Uhrzeigersinn verlaufenden Strömung. Während des Sommers eröffnen sich lange Spalten landeinwärts, vor allem nahe der östlich gelegenen Küsten. Diese lockten Entdecker wie Sir Ernest Shackleton, der 1915 hoffte, es mit seinem Schiff „Endurance" bis zur Küste zu schaffen. Statt dessen wurde das Schiff vom Eis eingeschlossen und schließlich zerdrückt. Die Gestrandeten verbrachten einen harten Winter auf dem Eis, nicht weit entfernt vom Dawson-Lambton-Gletscher, bevor sie entkommen konnten. Die Kaiserpinguine, die auf ihrem mühseligen Marsch zum Meer und zurück die Expedition damals kommen und gehen sahen, könnten durchaus Vorfahren jener Vögel gewesen sein, die ich gerade jetzt beobachte.

Tausende von Kaiserpinguinen sind hier über das Eis verstreut. Es klingt wie ein Orchester, das sich noch einstimmt; das forsch-fröhliche Trompeten der Eltern durchbricht immer wieder den Chor der piepsig zwitschernden Kleinen. Dennoch wohnt diesem melodischen Konzert eine gewisse Dringlichkeit inne, gehört doch jede dieser Stimmen einem Vogel, der entweder nach einem Elternteil oder einem Jungen ruft. Während anderen Pinguinen ein bestimmtes Territorium als Bezugspunkt dient, um Familienmitglieder zu treffen, ist es bei den Kaiserpinguinen das Fehlen von Territorialansprüchen und aggressivem Treiben, das es ihnen ermöglicht, einander zu dulden und in riesigen Winter-Gruppen zu schützen. Auch die Küken drängen sich in dieser Weise zusammen, etwa wenn ihre Eltern auf der Jagd sind. Eine Kaiserpinguin-Kolonie wird also nicht durch territoriale Imperative „gelenkt"; statt dessen orientieren sich die Tiere auf akustische Weise und finden einander aufgrund der jeweiligen Stimmlage.

Sobald ich mich von der Kolonie entferne, wird es still. Das einzige, was ich dann noch höre, ist das Blut in meinem Ohren und zwischendurch einmal das Knacken des Eises, ein Hinweis darauf, daß dieser Ort keinen Bestand hat. Es ist Frühsommer. Der Nachwuchs hat noch ein paar Wochen, ehe er flügge wird. Doch wenn alles so verläuft wie seit Menschengedenken, dann wird das Meereseis genügend lange aufbrechen, um der neuen Generation von Kaiserpinguinen zu ermöglichen, sich ins offene Wasser davonzumachen, ehe sich die Antarktis erneut im Eis verschließt.

Oben: Kaiserpinguine, Antarktis
Rechts: Kaiserpinguinküken, Antarktis
Folgende Seiten: Kaiserpinguine, Antarktis

Links: Kaiserpinguin-Kolonie, Antarktis
Seite 120–123: Kaiserpinguine, Antarktis

Links und folgende Seiten: Kaiserpinguin-Kolonie, Antarktis

Links: Kaiserpinguin, Antarktis
Folgende Seite: Kaiserpinguinküken, Antarktis
Ausklappseiten: Kaiserpinguin-Kolonie, Antarktis

Links: Kaiserpinguin, Antarktis
Folgende Seite: Kaiserpinguinküken, Antarktis
Ausklappseiten: Kaiserpinguin-Kolonie, Antarktis

Vorhergehende Seite: Kaiserpinguin, Antarktis
Oben: Kaiserpinguinküken, Antarktis
Rechts: Kaiserpinguin mit Küken, Antarktis
Folgende Seiten: Kaiserpinguine mit Küken, Antarktis

Ganz oben und rechts unten: Kaiserpinguine, Antarktis
Oben, rechts oben und folgende Seiten: Kaiserpinguinküken, Antarktis
Seite 144–145: Kaiserpinguin mit Küken, Antarktis
Seite 146–147: Kaiserpinguin-Familie, Antarktis
Seite 148–149: Eislandschaft, Antarktis

PINGUINE VOR DER KAMERA

Viele Bilder im vorliegenden Band entstanden an entlegenen Orten auf See oder im Camp an Land, wo ich es mir einfach nicht leisten konnte, daß dabei Ausrüstung zu Bruch ging. Während meiner vielen Jahre in der Feldforschung habe ich ein System erarbeitet, mittels dessen ich meine Kameraausrüstung in Boxen aus Hartplastik und gefütterten Rucksäcken schütze. Die Boxen eignen sich nicht nur wunderbar für fragwürdige Flugtransfers oder Landungen auf nassem Boden, sie bewähren sich auch bei Schneestürmen und beim Ausnehmen von Fischen. Mit ihnen schütze ich die LowePro-Gepäckstücke und die Taschen mit einem leichten Karbonstativ von Gitzo und dem „Basis-Überlebenspaket". Der Großteil der Fotografien entstand mit einer Grundausstattung von zwei Nikon-Gehäusen und drei Nikkor-Objektiven: einem Weitwinkel (20mm), einem Zoom (80–200mm) und einem 300mm-Objektiv (f/2.8) mit Zwischenringen. Bei schwachem Licht bewirkt ein Blitzgerät wahre Wunder. Bei Temperaturen unter minus 30 °C wird das Fotografieren äußerst anstrengend. Filme werden brüchig, Plastik zerbricht und Metall verursacht Schmerzen, wenn man es mit der Hand berührt. Unter solchen Extrembedingungen arbeite ich mit einer manuellen Kamera, meiner Nikon FM2, mit der ich viele Aufnahmen von Kaiserpinguinen machte. Fallen die Temperaturen nicht unter minus 30 °C, funktionieren auch Kameras wie die Nikon N90 noch gut, insbesondere, wenn man Lithium-Batterien verwendet.

In den zehn Jahren, in deren Verlauf diese Fotografien entstanden, hat die Filmtechnologie eine bemerkenswerte Weiterentwicklung zu verzeichnen. Moderne Diafilme wie Fujis Velvia geben die Reinheit des antarktischen Lichts in seiner ganzen Brillanz wieder. Für dieses Buch habe ich unter anderem auch ältere Kodachrome- und neuere Ektachrome-Emulsionen verwendet, dem jeweiligen Zweck entsprechend. Im rauhen Wetter der Subantarktis

braucht man oft hochempfindliche Filme. Manchmal verwende ich einen Film mit höherer Empfindlichkeit ganz bewußt, um auf diese Weise die Wiedergabe von Farben oder Kontrasten besser in meinem Sinne beeinflussen zu können.

Meine Lieblingsmethode für das Fotografieren von Pinguinen ist einfach: In einer Kolonie suche ich mir einen Platz, wo ich mitten unter den Vögeln sitzen kann, ohne sie zu stören. Ich warte, bis meine neue, zunächst aufgeschreckte Nachbarschaft sich wieder beruhigt hat. Nach anfänglicher Unruhe widmet sich jeder bald wieder viel wichtigeren Dingen als meiner Anwesenheit. Dann kann ich mit meiner Arbeit beginnen. Oft verwende ich Zoomobjektive, sowohl auf kurze als auch auf lange Distanzen; damit verringere ich das Risiko, mich bewegen zu müssen und kann mich zudem besser auf Unerwartetes einstellen. Wird es eng, greife ich auf ein Einbeinstativ zurück; so bin ich beweglicher.

Am liebsten suche ich mir ein bestimmtes Gebiet aus, zu dem ich Tag für Tag zurückkehre. Auf diese Weise kann ich die Gewohnheiten einer kleineren Gruppe von Vögeln genauer kennenlernen. Denn nach einer Weile vermag man die einzelnen Vögel individuell voneinander zu unterscheiden. Die Furchtlosigkeit der Pinguine, ein Merkmal, das sie mit vielen wildlebenden Tieren teilen, die ungestört auf Inseln im Ozean leben, erleichtert das Fotografieren intimer Porträts aus der Tierwelt, wie ich sie suche. Pinguine sind recht zugänglich, doch sie zu fotografieren, kann mitunter wirklich anstrengend sein. Die Kolonien sind schlammig, es stinkt überall und das Wetter macht alles schwierig. Dennoch erweist es sich immer wieder als äußerst befriedigend, mit diesen wilden Vögeln, die mich ganz selbstverständlich tolerieren, Zeit zu verbringen. Ich genieße die Gesellschaft nicht weniger als das Fotografieren selbst – womit gesagt sein dürfte, worum es mir in meiner Arbeit geht.

Von links nach rechts: Frans Lanting unter Kehlstreifenpinguinen, Deception Island (Foto von Kim Heacox); „Damien II" vor Südgeorgien; beim Fotografieren von Kaiserpinguinen, Antarktis; beim Aufstieg in Südgeorgien; in der Antarktis; sein Feldcamp, Weddellmeer.

VERZEICHNIS DER ABBILDUNGEN

Die in diesem Buch vorgestellten Pinguinarten sind in der Reihenfolge ihres Auftretens:
Kaiserpinguin (*Aptenodytes forsteri*), Eselspinguin (*Pygoscelis papua*), Königspinguin (*Aptenodytes patagonicus*), Galapagos-Pinguin (*Spheniscus mendiculus*), Felsenpinguin (*Eudyptes chrysocome*), Goldschopfpinguin (*Eudyptes chrysolophus*), Magellan-Pinguin (*Spheniscus magellanicus*), Adeliepinguin (*Pygoscelis adeliae*) und Kehlstreifenpinguin (*Pygoscelis antarctica*).

Eisberg, Südgeorgien, S. 1
Ein Eisberg umrahmt die südlichste Spitze von Südgeorgien, wo sich die Strömungen des Atlantischen Ozeans und des Südlichen Polarmeers miteinander mischen. Die dabei aus den unteren Meeresschichten emporsteigenden kalten Wassermassen führen eine reiche Meeresflora und -fauna heran, die Millionen von Pinguinen ernährt.

Eselspinguine, Südgeorgien, S. 2–3
Eselspinguine wandern über einen in der Mitternachtssonne glänzenden Kieselstrand von Stromness Bay.

Eselspinguine, Falklandinseln, S. 4–5
Voller Panik schießen diese Eselspinguine über einen Strand auf New Island. Sie fliehen vor dem Angriff einer Mähnenrobbe.

Königspinguine, Südgeorgien, S. 6–7
Königspinguine putzen und strecken sich auf einem verschneiten Strand. Der Gattungsname *Aptenodytes* bedeutet „federloser Taucher“, denn ursprünglich glaubte man, daß das Gefieder der Pinguine dem anderer Vögel nicht vergleichbar sei. Tatsächlich unterscheidet es sich aber in der Struktur nicht von dem anderer Vögel. Die kurzen, versteiften flachen Federn eignen sich besonders gut für das Leben in kalten Gewässern.

Königspinguine, Südgeorgien, S. 8–9
Königspinguine aller Altersgruppen haben sich im Zwielicht auf einem steinernen Abhang unterhalb eines Gletschers von St. Andrews Bay versammelt.

Kaiserpinguine, Antarktis, S. 10–11
Vier Kaiserpinguine teilen sich Abendsonne und gegenseitige Körperwärme an einem bitterkalten Tag.

Kaiserpinguin, Antarktis, S. 12–13
Ein einsamer Kaiserpinguin trottet durch einen Schneesturm.

Galapagos-Pinguin, Galapagosinseln, S. 16
Ein Galapagos (übrigens die seltenste aller Pinguinarten) paddelt durch das türkisfarbene Wasser eines seichten Meeresarms auf Fernandina Island.

Felsenpinguin, Falklandinseln, S. 18
Gerade dem Meer entstiegen, schüttelt sich dieser Felsenpinguin trocken, bevor er sich auf den Marsch landeinwärts begibt.

Landschaft, Falklandinseln, S. 20
Flechtenbestandene Felsen und hohes Tussock-Gras schützen die Pinguine und die anderen Vögel. Auf den schrägstehenden Klippen in der Ferne nisten die Felsenpinguine zu Tausenden.

Felsenpinguine, Falklandinseln, S. 21
Gerade gelandet, drängt sich ein wahrer Mob von Felsenpinguinen auf einem litoralen Felsen zusammen.

Felsenpinguine, Falklandinseln, S. 22–23
Felsenpinguine strömen über einen steinigen Felsvorsprung und beginnen den Aufstieg zu ihren landeinwärts gelegenen Kolonien.

Felsenpinguine, Falklandinseln, S. 24
Zwei Männchen streiten sich um einen Fußbreit Land in einer überfüllten Kolonie.

Felsenpinguine, Falklandinseln, S. 25
Generationen von Pinguinen haben auf diesem Felsvorsprung, der auf dem Weg zur großen Brutkolonie überquert werden muß, sichtbare Spuren hinterlassen – die Kerben ihrer Krallen.

Felsenpinguine, Falklandinseln, S. 27
Ein Felsenpinguin wagt einen gefährlichen Sprung. Die anderen sehen zu, trauen sich jedoch nicht, es ihrem Artgenossen gleichzutun.

Goldschopfpinguine, Südgeorgien, S. 28–29
Aus der in einer schmalen, kleinen Bucht an der Nordspitze von Südgeorgien aufschlagenden Welle schnellen Goldschopfpinguine geradezu wie Geschosse heraus. Hier nisten Millionen dieser kleinen Pinguine.

Goldschopfpinguine, Südgeorgien, S. 30–31
An der Nordspitze von Südgeorgien: Delphinartiges Schwimmen ermöglicht es den Goldschopfpinguinen, das Wasser unmittelbar unter der Oberfläche mit enormer Geschwindigkeit zu durchschneiden.

Felsenpinguine, Falklandinseln, S. 32–33
Auf ihrem mühseligen Marsch nach Hause trotten Felsenpinguine durch eine von Tussock-Gras beherrschte Landschaft.

Goldschopfinguine, Südgeorgien, S. 34
Ein Paar sucht auf der Leeseite eines tussockbestandenen Hanges auf Bird Island Schutz.

Magellan-Pinguin, Falklandinseln, S. 35
Diese Pinguinart brütet unter der Erde. Ein Magellan schaut vorsichtig aus seinem Bau, den er sich an einem Abhang in die weiche Erde gegraben hat.

Magellan-Pinguine, Falklandinsel, S. 36 (oben)
Zwei aus ihrem Bau herausrufende Magellan-Pinguine zeigen ihre mit Widerhaken versehenen Schnäbel, mit denen sie die glitschigen Fische nahezu problemlos fangen können.

Felsenpinguin, Falklandinseln, S. 36 (unten)
Aufgestellte gelbe Federn signalisieren Potenz; beim Balzen können sie dem Felsenpinguinmännchen gegenüber seinen Rivalen Vorteile verschaffen.

Felsenpinguin, Falklandinseln, S. 37 (oben)
Zeichen der Entspannung: Ein Felsenpinguinmännchen läßt seine Federn hängen.

Eselspinguin, Falklandinseln, S. 37 (unten)
Weiße Abzeichen über den Augen sind ein typisches Merkmal erwachsener Eselspinguine.

Falkland-Karakaras, Falklandinseln, S. 38–39
Beauchêne, eine entlegene Insel im südlichen Falkland-Archipel, ernährt diese riesige von Albatrossen und Greifvögeln wie den Falkland-Karakaras (*Phalcoboenus australis)* durchsetzte Felsenpinguin-Kolonie.

Eselspinguine, Falklandinseln, S. 41
Das Licht der untergehenden Sonne und des aufgehenden Monds ergießt sich über eine Weide voller nistender Eselspinguine.

Eselspinguine, Falklandinseln, S. 42–43
Nach einem Tag im Meer haben es die Eselspinguine eilig, an Land zu kommen.

Mähnenrobbe, Falklandinseln, S. 44
Eine männliche Mähnenrobbe (*Otaria flavescens*) versucht, nicht aufzufallen, während sie im Flachwasser nach Pinguinen jagt.

Eselspinguine, Falklandinseln, S. 45
Eselspinguine sammeln sich in riesigen Gruppen entlang der Tidenlinie und suchen in der Brandung nach Anzeichen für Gefahr.

Mähnenrobbe und Eselspinguine, Falklandinseln, S. 46–47
Angriffe außerhalb des Wassers sind selten. Eine Mähnenrobbe stürzt machtvoll auf den Strand, direkt in eine Eselspinguingruppe hinein, die in alle Richtungen auseinderstiebt. In letzter Sekunde gelingt einem der Pinguine mit einem Sprung zur Seite die glückliche Flucht.

Eselspinguine, Falklandinseln, S. 48–49
Im Schutz der Gruppe versuchen diese Eselspinguine, einer Mähnenrobbe zu entkommen.

Eselspinguin, Falklandinseln, S. 50–51
Ein Pinguinmännchen brütet auf einem mit Kieselsteinen ausgelegtem und mit Federn geschmücktem Nest.

Eselspinguine, Falklandinseln, S. 52
Nach einem gemeinsamen Fischzug ziehen diese Eselspinguine am späten Nachmittag wieder landeinwärts, wo sie ihre Küken füttern.

Eselspinguine, Falklandinseln, S. 54
Zwei Küken verfolgen einen ausgewachsenen Eselspinguin: sie interessieren sich für den frischen Krill in seinem Kropf.

Eselspinguine, Falklandinseln, S. 55
Ein fast ausgewachsenes Junges verfolgt ein Elternteil, um gefüttert zu werden.

Eselspinguine, Südgeorgien, S. 57
Ein zwei Wochen altes Küken pickt am Schnabel seines Elternteils, darum bettelnd, gefüttert zu werden.

Eselspinguine, Falklandinseln, S. 58–59
Eine Gruppe von Eselspinguinen kehrt nach einem Jagdtag in den Gewässern rund um die Falklandinseln nach Hause zurück. In diesem Gebiet nisten ein Drittel aller Eselspinguine, die es auf der Welt gibt.

Eselspinguine, Falklandinseln, S. 60–61
Eine „Flotille" von Eselspinguinen tanzt auf den Wellen. Im Gegensatz zu anderen Pinguinarten, die sich auf lange Beutezüge Hunderte von Kilometern weit ins offene Meer begeben, entfernen sich Eselspinguine meist nicht weiter als 20 Kilometer von der Küste.

Königspinguine, Südgeorgien, S. 62
In einer ekstatischen Balz-Zeremonie steht dieses Königspinguin-Paar hoch aufgereckt und stößt seine Schnäbel nach oben in den Himmel.

Nordküste, Südgeorgien, S. 64
Aufgrund der unwirtlichen Wetterbedingungen bzw. niedrig hängender Wolken ist Südgeorgien neugierigen Blicken weithin entzogen. Hier versammeln sich jährlich viele Tausende von Königspinguinen entlang der flachen Küstenstreifen in den geschützten Buchten.

Königspinguine, Südgeorgien, S. 65
Königspinguine jeden Alters stehen dichtgedrängt in einer Kolonie.

Königspinguine, Südgeorgien, S. 66–67
Halb ausgewachsene Junge haben sich entlang eines Gletscherbachs aufgereiht, der aus den bis zu 3000 Meter hohen Bergen rings um St. Andrews Bay herabstürzt.

Königspinguine, Südgeorgien, S. 68–69
Die Schwimmflügel ausgestreckt, um die Balance zu halten, „wackelt" eine Gruppe von Königspinguinen beim Balzlauf über ein schneebedecktes Feld.

Königspinguine, Südgeorgien, S. 70–71
Königspinguine beim für sie typischen Balzritual, in dessen Verlauf einer der Partner den anderen spazierenführt. Dabei schwingt sein Kopf von einer Seite zur anderen. Solche Rituale verleiten oft auch andere, noch „ledige" Pinguine zum Mitmachen.

Königspinguine, Südgeorgien, S. 72 und S. 73
Ein einsames Weibchen, das sich zwischen ein Paar zu drängen versucht, wird von der Artgenossin mit Flügelschlägen heftig getadelt.

Königspinguine, Südgeorgien, S. 74
Zum Balzritual der Königspinguine gehört unter anderem, daß die künftigen Partner sich gegenseitig imitieren, d.h. sich gleichzeitig strecken, entspannen und ihre Schnäbel bewegen.

Königspinguine, Südgeorgien, S. 75
Bei der fortgeschrittenen Balz sucht ein Königspinguinmännchen Körperkontakt mit einem Weibchen. Er lehnt sich an sie und hängt seinen Kopf über ihre Schulter.

Königspinguine, Südgeorgien, S. 77
Kurz vor der Paarung drückt das Männchen seinen Kopf auf die Schulter des Weibchens und streicht mit seinem Schnabel ihren Hals entlang.

Königspinguine, Südgeorgien, S. 78–79
Selbst in dichtbevölkerten Kolonien wahren die Königspinguine bestimmte Bereiche, wo sich Männchen und Weibchen treffen und die Pflichten der Brutpflege und Aufzucht miteinander teilen.

Königspinguine, Falklandinseln, S. 80–81
Bei den Königspinguinen brüten sowohl Weibchen als auch Männchen die Eier aus. Die Eier auf ihren Füßen haltend, wärmen die Tiere sie durch eine darübergelegte Bauchfalte.

Königspinguine, Südgeorgien, S. 82
Halb ausgewachsene Königspinguine erwarten im eisigen Regen die Rückkehr ihrer Eltern.

Königspinguin, Südgeorgien, S. 83
Ein gerade geschlüpftes Königspinguinküken verbleibt über 16 Monate in der Abhängigkeit seiner Eltern; derart lange währt ansonsten nur die Aufzucht der Jungen bei den Wanderalbatrossen und den Kalifornischen Kondoren.

Königspinguine, Südgeorgien, S. 84–85
Erwachsene und Junge leben gemeinsam in dieser Kolonie, die gerade von einem sommerlichen Schneeregen heimgesucht wird.

Königspinguin, Südgeorgien, S. 87
Zu zwei Dritteln ausgewachsen, hat dieses Königspinguinküken ein dichtes Daunengefieder entwickelt und das nötige Körperfett angesetzt, um einen Winter lang nahe am Verhungern bei eisigsten Temperaturen überleben zu können.

Federn von Königspinguinen, Südgeorgien, S. 88–89
Mauserfedern schwimmen auf der Oberfläche eines Gezeiten-Tümpels bei St. Andrews Bay.

Königspinguine, Südgeorgien, S. 90 (oben)
Leuchtendorangene Flecken auf den Wangen der Königspinguine signalisieren: gute Fortpflanzungskonditionen!

Adeliepinguin, Antarktis, S. 90 (unten)
Im Spätsommer steckt dieser junge Adeliepinguin mitten in der Mauser. Das flauschige Gefieder des Kükens zeigt bereits erste Spuren der schwarzweißen Zeichnung der Erwachsenen.

Goldschopfpinguine, Südgeorgien, S. 91 (oben)
Ein Goldschopfpinguin wacht bei seinem Partner, der ein Ei in einem Nest ausbrütet, das kaum mehr als eine flache Mulde zwischen den Felsen ist.

Kehlstreifenpinguin, Südgeorgien, S. 91 (unten)
Ein ruhender Kehlstreifenpinguin zieht seine Schwimmflügel eng an den Körper heran, um den Wärmeverlust zu minimieren.

Goldschopfpinguine, Südgeorgien, S. 93
Auf einem unbewachsenen Hang residiert eine riesige Goldschopfpinguin-Kolonie. Wer im oberen Teil brütet, hat jeden Tag einen einstündigen Fußmarsch vor sich, wenn er aus dem Wasser kommt.

Adeliepinguine, Süd-Sandwich-Inseln, S. 94–95
Selbst im Sommer sind die Süd-Sandwich-Inseln von Meereseis umgeben, das diese Adeliepinguine hier als „Sprungbrett" benutzen.

Kehlstreifenpinguine, Antarktis, S. 96–97
Auf einem schwarzen Vulkanstrand von Deception Island, einer der Antarktis vorgelagerten Halbinsel, legen diese Kehlstreifenpinguine eine kleine Pause ein. Die Kehlstreifenpinguine gehören zu den zahlenmäßig größten Pinguin-Arten; manche ihrer Kolonien zählen schätzungsweise über fünf Millionen Vögel.

Kehlstreifenpinguin, Süd-Orkney-Inseln, S. 98–99
Ein Kehlstreifenpinguin brütet auf einem Nest, um das sich ein Ring aus Exkrementen zieht.

Kehlstreifenpinguin, Südgeorgien, S. 100
An einem Kieselsteinstrand steht ein Kehlstreifenpinguin mit deutlich sichtbarem borstigem Schwanz und läßt sich von der Sonne trocknen.

Eisberge, Südliches Polarmeer, S. 101
Die von Gletschern und der Eisdecke der Antarktis abgebrochenen (gekalbten) Eisberge schmelzen langsam auf ihrer Reise in Richtung Norden. Die meisten sind binnen zwei Jahren vollständig abgeschmolzen.

Kehlstreifenpinguine, Südliches Polarmeer, S. 102–103
Kehlstreifenpinguine finden auf einem riesigen Eisberg mit Turmspitzen eine Mitfahrgelegenheit. Wenn es durch mehrjährigen Schneefall zusammengepreßt wird, kann verdichtetes Eis eine so leuchtend blaue Farbe annehmen.

Kaiserpinguine, Antarktis, S. 104
Ein Kaiserpinguin birgt sein Neugeborenes auf seinen Füßen, um es vor Kälte zu schützen.

Kaiserpinguine, Antarktis, S. 106
In einem heulenden Schneesturm schreit ein Kaiserpinguinjunges auf dem Eis vor der Antarktis nach seinen Eltern.

Meereslandschaft, Antarktis, S. 107
Wenn das Packeis des Weddellmeers im Frühsommer aufbricht, bilden sich Wasserrinnen nahe der Küsten des Kontinents, die die Kaiserpinguine nun als Korridor von und zu ihren Kolonien benutzen.

Kaiserpinguine, Antarktis, S. 108–109
Mit stoischer Ruhe wappnen sich Kaiserpinguine gegen einen Schneesturm. Windgeschwindigkeiten von über 150 Stundenkilometern und Temperaturen von bis zu minus 60 °C sind im Winter keine Seltenheit.

Kaiserpinguin, Antarktis, S. 110
Mit eingezogenem Hals, gegen den Wind gebeugtem Rücken und eng an den Körper gepreßten Flügeln minimiert ein Kaiserpinguin den Wärmeverlust seines Körpers.

Kaiserpinguine, Antarktis, S. 112–113
Eine Prozession von Kaiserpinguinen wandert während eines Sturms durch ein von riesigen Eisbergen flankiertes Tal.

Kaiserpinguine, Antarktis, S. 114
Das Bild erinnert an gefallene Soldaten, doch haben sich diese Kaiserpinguine nach einem zweitägigen Schneesturm lediglich zum Schlafen niedergelegt.

Kaiserpinguin, Antarktis, S. 115
Ein erfrorenes Kaiserpinguinküken. Hier wird deutlich, wie hart die Lebensbedingungen sind, unter denen diese Vögel aufwachsen. Mehr als drei Viertel jeder Generation sterben, bevor sie flügge werden.

Kaiserpinguine, Antarktis, S. 116–117
Um mehr als 50 Prozent können Kaiserpinguine den Wärmeverlust ihres Körpers verringern, wenn sie sich dicht zusammendrängen. Während des Winters bilden sich solche Zusammenballungen mit bis zu 1000 brütenden Männchen. Ohne diese einzigartige Technik der Anpassung wären sie nicht fähig, unter derart grausamen Wetterbedingungen zu überleben.

Kaiserpinguine, Antarktis, S. 118
Eine Kaiserpinguin-Kolonie verstreut sich auf der gefrorenen Oberfläche des Weddellmeers.

Kaiserpinguine, Antarktis, S. 120
Kaiserpinguine wechseln zwischen Gehen und Schlittern (auf ihren Bäuchen), um übers Treibeis zum offenen Wasser zu gelangen.

Kaiserpinguine, Antarktis, S. 121
Auf den langen Strecken zwischen Kolonie und offenem Meer führt der Weg der Kaiserpinguine mitunter auch durch tiefen Schnee. Einige ihrer Kolonien liegen bis zu 150 Kilometer vom offenen Meer entfernt.

Kaiserpinguine, Antarktis, S. 122–123
Kaiserpinguine setzen ihre Fußkrallen ein, um sich über das Eis zu schieben.

Kaiserpinguine, Antarktis, S. 124–125
Die Frühlingssonne geht über einer Kolonie von Kaiserpinguinen auf.

Kaiserpinguine, Antarktis, S. 126–127
Eine riesige Eiswand am Rand der Antarktis dient einer Kaiserpinguin-Kolonie als Windschutz.

Kaiserpinguin, Antarktis, S. 128
Ein Kaiserpinguin sucht nach dem besten Durchgang in einer wüst aufgetürmten Eislandschaft.

Kaiserpinguin, Antarktis, S. 130
Ein neugeborenes Kaiserpinguinküken kuschelt sich auf den Füßen der Eltern ein. Die über das Kleine gelegte Bauchfalte schützt es vor der extremen Kälte. Diese Art der Brutpflege umfaßt einen Zeitraum von ca. 50 Tagen.

Kaiserpinguine, Antarktis, S. 131–134
Ein Panoramablick auf die Kaiserpinguin-Kolonie, die sich hier jedes Jahr am Rand des Dawson-Lambton-Gletschers und des Weddellmeers bildet.

Kaiserpinguin, Antarktis, S. 135
Dieses Porträtfoto eines Kaiserpinguins zeigt deutlich, wie die Federn seines äußeren Gefieders einander überlappen.

Kaiserpinguin, Antarktis, S. 136
Ein zufrieden blickendes Kaiserpinguinküken ist nach einer hervorgewürgten Mahlzeit aus vorverdautem Fisch und Kalmar von einem Elternteil rundum satt. Pro Mahlzeit können die Küken mehrere Pfund Nahrung aufnehmen.

Kaiserpinguine, Antarktis, S. 137
Ein Kaiserpinguinküken imitiert sein Elternteil und putzt ebenfalls sein Gefieder.

Kaiserpinguine, Antarktis, S. 138–139
Im unwirklich scheinenden Licht der untergehenden antarktischen Sonne treffen sich zwei Kaiserpinguineltern am Rand eines gestrandeten Eisbergs mit ihrem Nachwuchs.

Kaiserpinguine, Antarktis, S. 140 (oben)
Den Rücken gekrümmt und dicht aneinandergedrängt, versuchen diese Kaiserpinguine sich an einem bitterkalten Abend gegenseitig zu wärmen.

Kaiserpinguin, Antarktis, S. 140 (unten)
Durch die weißen Wangen unterscheidet sich ein Kaiserpinguinküken von den Küken aller anderen Pinguinarten.

Kaiserpinguine, Antarktis, S. 141 (oben)
Kaiserpinguinküken klettern übereinander, um in die kuschelige Wärme eines dichtgedrängten Kreises zu kommen.

Kaiserpinguine, Antarktis, S. 141 (unten)
Vom Äußeren her lassen sich Pinguinweibchen und -männchen kaum unterscheiden; die Männchen sind allerdings meist etwas größer.

Kaiserpinguine, Antarktis, S. 142–143
Eine „Kükenbande“ stolpert davon, um die Umgebung der Kolonie endlich selbst zu entdecken.

Kaiserpinguine, Antarktis, S. 144–145
Ein erwachsener Kaiserpinguin beugt sich vor, um in einem Kindergarten seinen Nachwuchs zu entdecken.

Kaiserpinguine, Antarktis, S. 146–147
Klassische Begrüßungszeremonie: Die Eltern beugen ihre Köpfe über ihr Küken.

Eislandschaft, Antarktis, S. 148–149
Kein Pinguin würde je ins Innere der Antarktis vordringen. Dort finden sich weder Schutz noch Nahrung, ist ein Leben also nicht möglich.

Kaiserpinguine, Antarktis, S. 168
Ein gerade einmal zwei Monate altes Küken kuschelt sich an ein Elternteil.

DANKSAGUNG

Meine Arbeit mit den Pinguinen dauerte ein ganzes Jahrzehnt. Der Erfolg jeder einzelnen Expedition hängt nicht zuletzt ab von der Unterstützung vieler Organisationen und Einzelpersonen, denen ich für ihr Wissen, ihre Großzügigkeit und ihre Freundschaft sehr zu Dank verpflichtet bin. Sie verschafften mir die seltene Möglichkeit, das Leben dieser wunderbaren Vögel nachzuzeichnen und zu erforschen. Vielen Dank ihnen allen.

Nur wenige Menschen nennen eine Pinguininsel ihr Zuhause. Ich hatte das große Vergnügen, einige dieser außergewöhnlichen Menschen und Familien kennenzulernen, die das von sich behaupten können. Tony Chater lud mich liebenswürdigerweise auf seine Insel und in sein Zuhause ein. Sally und Jérôme Poncet teilten ihre Liebe zu Südgeorgien und ihr Wissen über diese Insel mit mir. Dank ihnen und ihrer Söhne Dion, Leiv und Diti, denen allen ich viel verdanke, wurde Südgeorgien zu einem weniger feindlichen Ort. Steve Pinfield, Anne Kershaw und die Mitarbeiter von Adventure Network International sorgten für die hervorragende Logistik einer von Hiroshi Moriya und seinen Kollegen bei Tokyo Broadcasting System unterstützten Expedition. Die britische Armee kam mir in Grytviken zu Hilfe, als ich die etwas zweifelhafte Auszeichnung genießen durfte, beim Campen auf Südgeorgien an Malaria zu erkranken (die ich mir vorher in Madagaskar zugezogen hatte). Bill Abbott und Ray Rodney von Wilderness Travel, Kim und Melanie Heacox, Werner Zehnder, Peter Harrison und Shirley Metz, Mike und Sonja Messick, Carmen und Conrad Field und John Splettstoesser von Zegrahm Expeditions danke ich für ihr persönliches Wissen und ihre wunderbare Gesellschaft auf mehreren meiner mitunter sehr beschwerlichen Reisen.

Zu den Wissenschaftlern, deren Wissen und deren Leidenschaft für Pinguine meinem eigenen Kenntnisstand und meiner Liebe zu diesen Vögeln höchst förderlich war, zählen John Croxall, Jerry Kooyman, Bernard Stonehouse, Frank Todd und der verstorbene Peter Prince. Die Forscher auf Bird Island, die British Antarctic Survey und das Scott Polar Research Institute öffneten mir ihre Türen und damit meine Augen für die Komplexität des Pinguinlebens. Die National Geographic Society unterstützte die Feldforschung für den Großteil meiner Arbeit mit den Pinguinen in großzügiger Weise. Ich danke allen Freunden und Kollegen bei der Society, besonders dem Redakteur Bill Allen und dem früheren Redakteur Bill Garrett.

In meinem eigenen Metier bin ich für die Hilfe, die man mir in den USA und Europa zukommen ließ, den folgenden Menschen zutiefst zu Dank verpflichtet: Bill Atkinson, Steve Kurtz, Sam Petersen, Galen and Barbara Rowell, Isabel Stirling, Larry Minden, Chris Carey und Stacy Frank bei Minden Pictures; dem New Lab in San Francisco; Scott Andrews, Jerry Grossman und Ron Taniwaki bei Nikon; Juliane Steinbrecher (Redaktion) sowie Bernd Fechner, Klaus Kramp, Pedro Lisboa, Horst Neuzner, Karl-Heinz Petzler, Veronica Weller und allen Mitarbeitern des Benedikt Taschen Verlags; Ausbert De Arce bei Taschen USA; und den wunderbaren Kollegen bei Frans Lanting Photography – Deborah Culmer, Abi Cotler, Sabrina Dalbesio, Mark Oatney und Anya Thrash.

Ganz besonders danke ich Jane Vessels für ihre Freundschaft und ihr professionelles Urteil – beides schätze ich sehr; Kirsten Wurz für eine perfekte Produktionsassistenz; Jenny Barry, deren Beitrag den der Designerin, für den sie hier genannt ist, weit übersteigt; und Angelika und Benedikt Taschen dafür, so wunderbar kreative und verlegerische Partner zu sein. Für Chris, in Liebe, für immer.

NATURSCHUTZ

Das Schicksal der Pinguine ist auf engste verknüpft mit wenigen Inseln und Eisschollen rings um die Antarktis und dem Nahrungsangebot des Südlichen Polarmeers, einem der letzten großen Fischfanggebiete der Welt, das noch nicht vom Menschen überfischt wurde. Die Temperaturveränderungen, die die globale Erwärmung unseres Planeten mit sich bringt, werden die Pinguine direkt zu spüren bekommen. Sie sind Seismographen. Ihre Zahl ist unmittelbar abhängig von der klimatischen Stabilität, den Ressourcen der Meeresflora und -fauna und einem intakten Ökosystem, das zwar viele Nationen für sich beanspruchen, aber nur die wenigsten wirklich schützen. Im folgenden sind einige Organisationen aufgeführt, die diesen Teil unseres Planeten nicht nur als irgendeinen Ort am „unteren" Ende der Welt, ansehen, sondern seine überragende Bedeutung für uns alle überall in der Welt anerkennen.

The Antarctica Project
1630 Connecticut Avenue, N.W., 3rd Floor
Washington, D.C. 20009 USA
Tel.: +1–202–2432480
Web: www.asoc.org

Falklands Conservation
1 Princes Avenue
Finchley, London N3 2DA
GROSSBRITANNIEN
Fax: +44–181–3430831
Web: www.falklands-nature.demon.co.uk

BirdLife International
Wellbrook Court
Girton Road, Cambridge CB3 ONA
GROSSBRITANNIEN
Tel.: +44–1223–277318
E-mail: birdlife@birdlife.org.uk

World Wildlife Fund
1250 24th Street, N.W.
Washington, D.C. 20037 USA
Tel.: +1–202–2934800
Web: www.worldwildlife.org

WWF International
Avenue du Mont-Blanc
CH-1196 Gland, SCHWEIZ
Tel.: +41–22–3649111
Web: www.panda.org

WWW-Netherlands
Postbus 7, 3700 AA Zeist
NIEDERLANDE
Tel.: +31–30–6937333
Web: www.wnf.nl

WWF-Deutschland
Postfach 190 440
60326 Frankfurt
Tel.: 069–791440
Web: www.wwf.de

Terra Editions produziert und vertreibt Frans Lantings Arbeiten, Bücher, Poster und Originalfotos.
Für Informationen wenden Sie sich bitte an
Terra Editions, 1985 Smith Grade,
Santa Cruz, CA 95060 USA
Fax: +1–831–423–8324
E-mail: info@lanting.com
Web: www.lanting.com
Terra Editions spendet einen Teil der Verkaufserlöse für Schutzprogramme.

Seite 168: Kaiserpinguin mit Küken, Antarktis